HISTOIRE DE NAPOLEON

Publiée par

MICHEL FILS AINÉ

PARIS

Chez Tamisey, Libraire

Rue du Pont de Lodi, N° 5.

HISTOIRE CHRONOLOGIQUE

DE NAPOLÉON.

1769.

Le 15 août, Bonaparte, Napoléon, est né à Ajaccio.

1778 ou 1779.

Au mois d'avril, il entre à l'École militaire de Brienne, où le place un des protecteurs de sa famille, Gras Marbœuf.

1784.

17 octobre. Bonaparte est admis à l'École militaire à Paris où, par des progrès remarquables dans les mathématiques, il fait concevoir les plus hautes espérances à ses professeurs.

1785.

1er septembre. Sous-lieutenant dans le régiment d'artillerie de Lafère. Une révolution venait d'éclater en Corse; il se range sous les drapeaux de l'indépendance.

1790.

Il suit Paoli, son compatriote, en Corse, rompt en visière à l'aristocratie, et marche contre elle à la tête de la garde nationale et des jeunes républicains. Les Anglais l'obligent à quitter la partie.

1792.

Décembre. Une nouvelle tentative contre la garnison anglo-sarde n'est pas plus heureuse et le force à se réfugier à Marseille, où il est accueilli et soutenu par le gouvernement français. Bonaparte retourne à son régiment et écrit l'histoire de la Corse.

1793.

Capitaine. Il publie le *Souper de Beaucaire*, brochure qui fut imprimée à Avignon. Nommé sur la recommandation du représentant du peuple Salicetti, colonel d'artillerie à Toulon, Dugommier lui confie la direction du siége. La prise de cette place importante est le résultat de ses manœuvres stratégiques. Pour prix de cet exploit, il est promu au grade de général de brigade.

1794.

6 février. En cette qualité, on lui confie le commandement de l'artillerie sous Dumerbion, qui le charge de mettre en état de défense les côtes de la Méditerranée. 6 août, il arrive à Gênes chargé d'une mission secrète. 13 juillet, est arrêté comme suspect. 30 août, est mis en liberté. 15 septembre,

rayé de la liste du service actif. Sans emploi et souvent sans argent, il végétait dans Paris. Pontécoulant lui donne une place au comité de la guerre, pour travailler sur les plans de la campagne. C'est là qu'il fit connaissance de Barras.

1795.

5 octobre. Les sections de Paris s'arment contre la constitution. 23 septembre. Elles marchent en masse contre la Convention, dont la défense est confiée par Barras à Bonaparte. Celui-ci hérisse de canons toutes les avenues des Tuileries, mitraille les citoyens de Paris et répand la terreur dans cette ville. Le 13 vendémiaire an IV, jour à jamais mémorable, vit la dernière insurrection en masse. 10 octobre. La Convention nomme Bonaparte général de division commandant de Paris. 26 octobre. Commandant en chef l'armée de l'intérieur.

1796.

9 mars. Il épouse Joséphine Tascher de la Pagerie, veuve du vicomte de Beauharnais; 12 jours après, il part pour l'armée d'Italie dont il prend le commandement.

1796. — 1797.

Victime de la pentarchie directoriale et de la cupidité des fournisseurs, l'armée républicaine, en Italie, avait connu les revers; mais les plus dures privations n'avaient pu ébranler le moral des soldats intrépides qui n'attendaient qu'un chef digne de les guider à la victoire. Bonaparte arrive et triomphe en courant. En moins d'une année, il culbute cinq armées que lui opposent la Sardaigne et l'Autriche. Partout il est vainqueur. Le 10 mai, il enlève le pont de Lodi défendu par une batterie qui vomissait la mort dans les rangs de ses grenadiers. Ceux-ci hésitent un instant ; il saisit un drapeau, s'élance en tête des colonnes et le plante au milieu du pont. Du 1er au 18 juin, il prend Vérone, Bologne, Reggio et Ferrare. Le 19, il s'empare de la citadelle de Milan. Le 5 août, il défait Wurmser à Castiglione ; Alvinzi éprouve le même sort à Arcole les 15, 16 et 17 novembre. 15 janvier, il triomphe à Rivoli. Le 2 février, il bat encore une fois Wurmser sous les murs de Mantoue qui s'était rendue au général autrichien. Enfin l'archiduc Charles lui-même, ayant été forcé d'abandonner l'Italie, et l'empereur d'Autriche voyant ses états héréditaires menacés, des articles préliminaires de paix furent signés à Léoben, le 18 avril. 18 octobre, il conclut le traité de Campo-Formio qu'il apporte au Directoire le 10 décembre.

1798.—1799.

Admiré du peuple et de l'armée, l'éclat de ses victoires et la puissance de son nom devinrent suspects aux gouvernans, qui lui font subir une sorte d'ostracisme et l'envoient en Egypte avec une armée de 36,000 hommes et une flotte de 72 vaisseaux de guerre, commandée par l'amiral Brueys. Il s'embarque à Toulon le 19 mai 1798, et le 9 juin il se trouve devant Malte. Le 12, cette place importante capitule; le 19, il apprend à son armée qu'il va conquérir l'Egypte, et la coloniser, puis chasser les Anglais de l'Inde. Le 1er juillet, il est en vue des côtes d'Egypte; le 2, l'armée débarque et prend Alexandrie; le 21, il bat Mourat Bey et Ibrahim au pied des Pyramides; le 22, il fait son entrée dans la ville du Caire. Le 1er août la flotte française est détruite par Nelson, dans la rade d'Aboukir, et l'amiral Brueys périt au commencement du combat. Cependant il organise l'Egypte, célèbre, le 15 août, la fête du Nil, et fonde l'Institut d'Egypte, dont il devient le président. Tandis que Desaix s'empare de la Haute-Egypte, il entre en Syrie à la tête de 14,000 hommes, prend Gaza et Jaffa, le 7 mars. Bientôt la peste, apportée par des hordes asiatiques, exerce les plus cruels ravages dans l'armée française. Bonaparte, accompagné du médecin Desgenettes et du chirurgien Larrey, visite les pestiférés et leur apparaît comme un Dieu qui vient les consoler et relever leur courage abattu. Le 16 mars il assiége Djezzar, pacha, dans Saint-Jean d'Acre, remporte une victoire le 18 avril, près du Mont-Tabor, non loin du Jourdain; le 19 mai, levée du siége d'Acre, défendu vigoureusement par l'amiral Sidney Smith, et particulièrement par un émigré français, Philippeaux, compagnon d'étude de Bonaparte. 14 juin, il revient au Caire et remporte, le 29 juillet, une victoire célèbre à Aboukir contre les Turcs. Des nouvelles affligeantes de France lui parviennent. L'anarchie règne dans le Directoire, le désordre dans les finances, le découragement dans l'armée, la corruption dans toutes les branches de l'administration; il quitte l'Egypte et confie le commandement au général Kléber. Le 22 août, accompagné des généraux les plus capables de seconder ses vastes desseins, il s'embarque pour la France, évite la flotte anglaise et débarque, le 14 octobre, à Fréjus. Au milieu de la surprise que cause son retour, l'espoir anime tous les cœurs; en un mot le patriotisme et l'enthousiasme renaissent dans le peuple et dans l'armée. Le 1er novembre, le Directoire lui donne un banquet splendide au Temple de la Victoire (l'église Saint-Sulpice), et le conseil des anciens lui confie le commandement de l'armée.

1799.

Le 9 novembre (18 brumaire an VIII), Bonaparte, de concert avec Sieyes, et appuyé par plusieurs généraux, Leclerc, Murat et Lannes, dissout le conseil des Cinq-Cents, présidé par son frère Lucien. — La Constitution directoriale de l'an III est abolie. Bonaparte, Sieyes et Roger-Ducos sont nommés consuls provisoires. 22 brumaire (15 décembre), une nouvelle Constitution est promulguée. Bonaparte est élu premier consul pour 10 ans; Cambacérès et Lebrun lui sont adjoints; Sieyes et Roger-Ducos entrent au sénat conservateur.

1800.

19 février, il se transporte aux Tuileries, où bientôt il étale toute la splendeur royale. Il se hâte de rétablir l'ordre public, ouvre des écoles,

des instituts, donne la paix à l'Europe, et améliore la législation, en mettant fin à l'effusion du sang.

A l'instigation de l'Angleterre, la paix continentale est rompue; le 25 avril, les hostilités commencent; le 6 mai, le premier consul quitte Paris et franchit le mont Saint-Bernard vers la fin de ce mois, pour appuyer Masséna qui se trouvait à Gênes. Le 2 juin, il entre dans Milan; le 9, son avant-garde est victorieuse à Montebello; le 14, il remporte la victoire à jamais mémorable de Marengo, qui décida du sort de l'Italie. Là, succomba Desaix, qui emporta les regrets de toute l'armée. Le 16 juin, une trève est conclue. Le premier consul laisse le commandement à Masséna et s'empresse de revenir à Paris, où il recueillit des témoignages non équivoques de l'enthousiasme général. Il dicte des conditions de paix aux envoyés étrangers. Plusieurs complots contre sa vie échouent miraculeusement: ceux d'Aréna, de Sérutti; le 20 octobre, la machine infernale, rue Saint-Nicaise, le 24 novembre. Au milieu de ces circonstances, le 3 décembre, la victoire de Moreau à Hohenlinden contraint l'Autriche à la paix.

1801.

7 février, il crée un tribunal spécial contre les ennemis de la constitution. Le 9, la paix est conclue avec l'Autriche à Lunéville; le 23 mars, avec le roi des Deux-Siciles; le 15 juillet, il signe le concordat avec le Pape. Le 29 septembre, fait la paix avec le Portugal; le 1er octobre, arrête les

préliminaires de paix avec l'Angleterre; le 8 octobre, la paix avec la Russie; le 9, les préliminaires de paix avec la Porte.

1802.

Le 9 janvier, Napoléon est élu président de la République italienne; 26 mars, la paix avec l'Angleterre est ratifiée à Amiens; 26 avril, amnistie en faveur des émigrés. Bonaparte obtient un décret du Sénat, qui le nomme Consul pour les 10 années suivantes. 19 mars, il institue la Légion-d'Honneur. 2 août, nouveau décret du Sénat qui le nomme premier Consul à vie. Ce décret, présenté à la sanction du peuple, réunit 3,368,885 voix affirmatives et 288,274 négatives. C'est alors que la monnaie fut frappée à l'effigie du premier Consul.

1803.

9 février, Bonaparte contraint les cantons suisses d'accepter sa protection. 18 mai, l'Angleterre déclare la guerre à la République française, protestant ainsi contre l'incorporation du Piémont et des états de Parme; mais dès le 15 mai, Napoléon avait mis l'embargo sur tous les bâtiments anglais qui se trouvaient dans les ports français, et avait ordonné l'arrestation de tous les Anglais. 3 juin, Mortier envahit l'électorat de Hanovre.

1804.

Découverte d'une nouvelle conspiration dirigée contre la vie du premier Consul. Du 15 au 28 fév.

arrestation de Moreau, Pichegru, Georges Cadoudal et autres; du 18 au 21 mars, enlèvement du duc d'Enghien sur un territoire neutre; arrivée de ce prince à Vincennes; sa condamnation par une commission militaire; il est fusillé. 6 avril, on trouve Pichegru étranglé dans sa prison. Dans cette conjoncture, un tribun fait la motion de proclamer Bonaparte empereur. Carnot s'y oppose courageusement. 18 mai, un décret du Sénat le proclame empereur des Français, sous le titre de Napoléon Ier. Le lendemain de ce décret, il nomme dix-huit maréchaux de l'Empire. 2 juin, après une longue instruction, intervient un jugement qui condamne Moreau à deux ans de détention, Georges Cadoudal, général vendéen, et son état-major, à la peine de mort; exécution de ce jugement, le 24 juin. 2 décembre, Napoléon se fait sacrer par le pape Pie VII.

1805.

15 mars, Napoléon est nommé roi d'Italie; 26 mai, il pose la couronne de fer sur sa tête dans la ville de Milan; 7 juin, il nomme Eugène Beauharnais vice-roi d'Italie. Il dispose, en faveur de son beau-frère Bacciochi, des principautés de Lucques et Piombino. Redoutant les conséquences de ces usurpations de la famille de Napoléon, l'Angleterre, la Russie et la Suède contractent une alliance offensive et défensive, et se joignent à l'Autriche le 10 août. 24 sept., l'Empereur quitte sa capitale, passe le Rhin avec la grande armée; le 26 de ce mois, fait alliance avec la Bavière et le Wurtemberg; les

2 et 3 octobre, ordonne à Bernadotte d'abandonner le Hanovre et de s'avancer. 8 oct., Murat défait les Autrichiens à Wertingen. 17, le général Mack capitule à Ulm ; 13 novembre, Napoléon entre dans Vienne ; 2 décembre, anniversaire du couronnement, bataille d'Austerlitz, où les armées combinées d'Autriche et de Russie furent anéanties. Le 6 fut conclue une trève, par suite de laquelle la paix fut signée à Presbourg. La Bavière et le Wurtemberg sont érigés en royaumes. A son retour, le Sénat et les tribunaux complimentent Napoléon et lui donnent le titre de Grand.

1806.

1er janvier, Calendrier républicain supprimé. 20 mars, Joseph Bonaparte nommé roi des Deux-Siciles ; Murat, grand-duc de Berg ; Louis Bonaparte, roi de Hollande. 12 juillet, la confédération du Rhin signée par 14 princes souverains, qui se mettent sous la protection de l'Empereur. 6 août, l'empire d'Allemagne a cessé d'exister ; François Ier prend le titre d'empereur d'Autriche. Cependant une nouvelle coalition se forme entre l'Angleterre, la Prusse et la Russie. La guerre recommence. 24 septembre, Napoléon quitte sa capitale et court en Prusse. Le 14 octobre, il détruit l'armée prussienne à Iéna ; le 27, il entre triomphalement à Berlin, où, par un décret, il déclare les côtes de l'Angleterre en état de blocus. 11 décembre, l'électeur de Saxe reçoit le titre de roi.

1807.

7 et 8 février, bataille d'Eylau; 15 juin, anniversaire de Marengo, bataille décisive de Friedland, suivie d'une trève et de la paix qui fut conclue à Tilsitt, le 6 juillet; par suite de ce traité, Jérôme Napoléon devient roi de Westphalie, et la Pologne prussienne est donnée au roi de Saxe. 29 juillet, l'Empereur part pour Paris; 19 août, supprime le tribunat.

1808.

Murat, vers la fin de février, entre en Espagne avec une armée de 80,000 h. Une révolte éclate dans Madrid, dont Charles IV s'éloigne. 15 avril, arrivée de Napoléon à Bayonne, où Ferdinand VII vient rejoindre son père. 30 avril, le père et le fils abdiquent. 5 juin, Joseph nommé roi d'Espagne; Murat le remplace à Naples. 27 septembre, entrevue de Napoléon et de l'empereur Alexandre à Erfurt. 4 décembre, Napoléon arrive à Madrid. Son départ est comme le signal d'un soulèvement dans toutes les parties de l'Espagne. Une junte insurrectionnelle s'installe à Cadix et dirige le mouvement. De 1808 à 1814, on évalue à près d'un million le nombre d'hommes qui succombèrent dans cette lutte.

1809.

L'Autriche déclare de nouveau la guerre et envahit la Bavière le 9 avril. Napoléon arrive et gagne quatre batailles : celles d'Abensberg, de Landshut, d'Eckmuhl et de Ratisbonne. 9 mai, Vienne est bombardée et prise. 5 et 6 juillet, bataille de Wagram. La maison d'Autriche est encore une fois obligée à demander la paix, qui est conclue à Vienne le 14 octobre. La main d'une archiduchesse d'Autriche devient le gage de la réconciliation. Les Etats du Pape sont réunis à l'Empire français. Pie VII lance une bulle d'excommunication contre Napoléon. Le souverain pontife est arrêté et conduit en France. 17 décembre, l'impératrice Joséphine est répudiée.

1810.

11 mars, mariage de Napoléon avec l'archiduchesse Marie-Louise à Paris, réjouissances publiques à l'occasion de ce mariage. 1er juillet, Louis Bonaparte abdique. La Hollande et les villes anséatiques sont réunies à la France.

1811.

20 mars, naissance du roi de Rome.

1812.

27 janvier, réunion de la Catalogne à l'Empire. 3 mai, la Suède et la Russie contractent une nouvelle alliance avec l'Angleterre. Accompagné de l'impératrice Marie-Louise, Napoléon part pour Dresde, où il donne rendez-vous à tous les rois et princes ses alliés. Déclaration de guerre. Il traverse le Niémen avec une armée de 500,000 soldats et 1,200 pièces d'artillerie. L'armée russe bat en retraite et éprouve des pertes considérables. 14 sep-

tembre, entrée triomphante des Français dans Moscou. 22 octobre, incendie du Kremlin. Départ de l'armée française harcelée par les Russes dans sa retraite. Un froid excessif moissonne les soldats par milliers. Du 26 au 28 novembre, passage de la Bérésina où l'armée française fut anéantie. 5 décembre, Napoléon part pour revenir en France, et arrive seul à Paris le 18 de ce mois.

1813.

Les Russes poursuivent les débris de l'armée française. 27 mars, la Prusse déclare la guerre à Napoléon, qui se hâte de rassembler une nouvelle armée qu'il fait partir pour l'Allemagne à marches forcées. Il bat les alliés à Lutzen le 2 mai, à Bautzen et à Wurschen les 20 et 21 du même mois, puis conclut une suspension d'armes à Plesswitz du 4 juin au 10 août. L'armistice expiré, l'Autriche et la Suède se déclarent contre lui. 27 août, bataille de Dresde. Le général Moreau est blessé mortellement dans les rangs ennemis. 16, 17 et 18 octobre, bataille de Leipsick. Tous les alliés de Napoléon l'abandonnent, à l'exception des Polonais. Poniatowski périt dans la retraite. Accablé par le nombre, l'Empereur se hâte de repasser le Rhin, et trouve l'armée bavaroise qui lui barre le chemin. Il culbute cette armée le 31 octobre, à Hanau. 30 novembre, il arrive à Paris. 31 décembre, les alliés traversent le Rhin et envahissent les départements du Nord. Du 28 au 31 décembre, dissolution du corps législatif.

1814.

21 janvier, départ de Napoléon. 27, il reprend Saint-Dizier, gagne successivement les batailles de Brienne, Champ-Aubert, Montmirail, Château-Thierry, Nangis et Montereau. Inutiles efforts! Le 31, après une bataille sanglante, l'ennemi entre dans Paris. 11 avril, abdication de Napoléon à Fontainebleau. 20, il fait ses adieux à l'armée et particulièrement à sa garde; 28 s'embarque sur une frégate anglaise pour l'île d'Elbe comme prince souverain, avec le titre d'empereur. Les Bourbons rentrent en France, la restauration s'opère.

1815.

26 février, Napoléon quitte secrètement l'île d'Elbe, débarque à Cannes, près Fréjus, avec le bataillon de sa garde qui l'avait suivi dans son exil, traverse la France sans coup-férir, et entre dans Paris le 20 mars. 21 avril, il publie les actes additionnels aux constitutions de l'Empire. 1er juin, assemblée du champ de mai. Cependant, l'Europe entière s'arme contre lui et fait avancer un million de soldats pour le combattre. Déjà les armées sont en présence. 16 juin, il bat les Prussiens à Fleurus et à Ligny; 18 perd la bataille de Waterloo. Atterré par ce cruel revers, il arrive à la Malmaison le 22. Le lendemain il abdique pour la seconde fois en faveur de son fils, et quitte Paris, le 29, dans l'intention de passer en Amérique. 15 juillet, il se réfugie à bord du *Bellérophon*, vaisseau anglais, commandé par le capitaine Maitland, et

implore en vain la faveur de passer en Angleterre. Maîtres de sa personne, les souverains alliés prononcent sur le sort de l'homme extraordinaire qui fut un instant l'arbitre de leurs destinées. Il est décidé qu'il sera le prisonnier de l'Europe aussi long-temps que son génie inspirera des craintes à ses vainqueurs. En conséquence, il est transporté à bord du *Northumberland*, qui fait voile pour l'île Sainte-Hélène, où il arrive le 15 octobre, accompagné d'un petit nombre de fidèles amis, dont voici les noms : les généraux Bertrand et Montholon avec leurs familles, Lascases et le général Gourgaud.

1821.

5 mai, à huit heures du soir, mort de Napoléon.

FAMILLE DE NAPOLÉON BONAPARTE,

EMPEREUR DES FRANÇAIS.

BONAPARTE (NAPOLÉON), né à Ajaccio, le 15 août 1769.

TASCHER (JOSÉPHINE-ROSE de), née le 24 juin 1768. Première épouse de Napoléon.

MARIE-LOUISE, archiduchesse d'Autriche, née le 12 décembre 1791. Seconde épouse de Napoléon.

NAPOLÉON (FRANÇOIS-CHARLES-JOSEPH), prince impérial, né le 20 mars 1811. Fils unique du mariage de Napoléon et de l'impératrice Marie-Louise.

BONAPARTE (JOSEPH). Frère aîné de Napoléon.

BONAPARTE (LUCIEN prince de CANINO). Second frère de Napoléon.

BONAPARTE (LOUIS), né le 27 septembre 1778. Troisième frère de Napoléon.

BONAPARTE (JÉROME), né le 15 novembre 1784. Quatrième frère de Napoléon.

BONAPARTE (MARIE-ANNE-ELISA), née en 1777. Sœur aînée de Napoléon.

BONAPARTE (MARIE-PAULINE), née en 1780. Seconde sœur de Napoléon.

BONAPARTE (MARIE-ANNUNCIADE-CAROLINE), née en 1782. Troisième sœur de Napoléon.

MARIE LÆTITIA, née en 1750. Mère de Napoléon.

BEAUHARNAIS (EUGÈNE-NAPOLÉON). Fils adoptif de Napoléon, né en 1780.

BEAUHARNAIS (HORTENSE-EUGÉNIE), née en 1783. Belle-fille de Napoléon, sœur du prince Eugène Beauharnais, épouse de Louis Bonaparte.

TESTAMENT

DE NAPOLÉON.

Ce jourd'hui, 15 avril 1821, à Longwood,
île de Sainte-Hélène.

Ceci est mon testament ou acte de ma dernière volonté.

I.

1° Je meurs dans la religion apostolique et romaine, dans le sein de laquelle je suis né il y a plus de cinquante ans.

2° Je désire que mes cendres reposent sur les bords de la Seine, au milieu de ce peuple français que j'ai tant aimé.

3° J'ai toujours eu à me louer de ma très chère épouse Marie-Louise. Je lui conserve jusqu'au dernier moment, les plus tendres sentimens; je la prie de veiller pour garantir mon fils des embûches qui environnent encore son enfance.

4° Je recommande à mon fils de ne jamais oublier qu'il est né prince français, et de ne jamais se prêter à être un instrument entre les mains des triumvirs qui oppriment les peuples de l'Europe. Il ne doit jamais combattre ni nuire en aucune manière à la France : il doit adopter ma devise : *Tout pour le peuple français.*

5° Je meurs prématurément, assassiné par l'oligarchie anglaise et son sicaire. Le peuple anglais ne tardera pas à me venger.

6° Les deux issues si malheureuses des invasions de la France, lorsqu'elle avait encore tant de ressources, sont dues à la trahison de Marmont, Augereau, Talleyrand et Lauriston. Je leur pardonne. Puisse la postérité française leur pardonner comme moi !

7° Je remercie ma bonne et très excellente mère; le cardinal; mes frères Joseph, Lucien, Jérôme; Pauline, Caroline, Julie, Hortense, Catherine, Eugène, de l'intérêt qu'ils m'ont conservé. Je pardonne à Louis le libelle qu'il a publié en 1820. Il est plein d'assertions fausses et de pièces falsifiées.

8° Je désavoue le manuscrit de Sainte-Hélène et autres ouvrages sous le titre de *Maximes*, *Sentences*, etc., que l'on s'est plu à publier depuis six ans : ce ne sont pas là les règles qui ont dirigé ma vie. J'ai fait arrêter et juger le duc d'Enghien, parce que cela était nécessaire à la sûreté, à l'intérêt et à l'honneur du peuple français, lorsque.... entretenait, de son aveu, soixante assassins à Paris (dans de semblables circonstances j'agirais de même).

II.

1° Je lègue à mon fils les boites, ordres et autres objets, tels que l'argenterie, lit de camp, armes, selles, éperons, vases de ma chapelle, livres, linge qui a servi à mon corps et à mon usage, conformément à l'état annexé, coté A. Je désire que ce faible legs lui soit cher, comme lui retraçant le souvenir d'un père dont l'univers l'entretiendra.

2° Je lègue à Lady Holland le camée antique que le pape Pie VI m'a donné à Tolentino.

3° Je lègue au comte Montholon deux millions de francs, comme une preuve de ma satisfaction des soins filials qu'il m'a rendus depuis six ans, et pour l'indemniser des pertes que son séjour à Sainte-Hélène lui a occasionnées.

4° Je lègue au comte Bertrand cinq cent mille francs.

5° Je lègue à Marchand, mon premier valet de chambre, quatre cent mille francs : les services qu'il m'a rendus sont ceux d'un ami. Je désire qu'il épouse une veuve, sœur ou fille d'un officier ou soldat de ma vieille garde.

6° Idem à Saint-Denis, cent mille francs.

7° Idem à Navarre, cent mille francs.

8° Idem à Peyron, cent mille francs.

9° Idem à Archambault, cinquante mille francs.

10° Idem à Corsor, vingt-cinq mille francs.

11° Idem à Candell, idem.

12° A l'abbé Vignali, cent mille francs. Je désire qu'il bâtisse sa maison près du Ponte-Novo de Rostino.

13° Idem au comte de Las Cases, cent mille francs.

14° Idem au comte de Lavalette, cent mille francs.

15° Idem au chirurgien en chef Larrey, cent mille francs. C'est l'homme le plus vertueux que j'aie connu.

16° Idem au général Brayher, cent mille francs.

17° Idem au général Lefèvre-Desnouettes, cent mille francs.

18° Idem au général Drouot, cent mille francs.

19° Idem au général Cambronne, cent mille francs.

20° Idem aux enfans du général Mouton-Duvernet, cent mille francs.

21° Idem aux enfans du brave Labédoyère, cent mille francs.

22° Idem aux enfans du général Girard, tué à Ligny, cent mille francs.

23° Idem aux enfans du général Chartrand, cent mille francs.

24° Idem aux enfans du vertueux général Travost, cent mille francs.

25° Idem au général Lallemand l'aîné, cent mille francs.

26° Idem au comte Réal, cent mille francs.

27° Idem à Costa de Bastilica en Corse, cent mille francs.

28° Idem au général Clauzel, cent mille francs.

29° Idem au baron Menneval, cent mille francs.

30° Idem à Arnault, auteur de *Marius*, cent mille francs.

31° Idem au colonel Marbot, cent mille francs. Je l'engage à continuer à écrire pour la défense de la gloire des armes françaises, et en confondre les calomniateurs et les apostats.

32° Idem au baron Bignon, cent mille francs. Je l'engage à écrire l'histoire de la diplomatie française de 1792 à 1815.

33° Idem à Poggi, de Talaro, cent mille francs.

34° Idem au chirurgien Emmery, cent mille francs.

35° Ces sommes seront prises sur les six millions que j'ai placés en partant de Paris, en 1815, et sur les intérêts à raison de 5 p. 100 depuis juillet 1815; les comptes en seront arrêtés avec le banquier, par les comtes Montholon, Bertrand et Marchand.

36° Tout ce que ce placement produira au-delà de la somme de 5,600,000 fr., dont il a été disposé ci-dessus, sera distribué en gratifications aux blessés de Waterloo et aux officiers et soldats du bataillon de l'île d'Elbe, sur un état arrêté par Montholon, Bertrand, Drouot, Cambronne et le chirurgien Larrey.

37° Ces legs, en cas de mort, seront payés aux veuves et enfans, et au défaut de ceux-ci, rentreront à la masse.

III.

1° Mon domaine privé était ma propriété, dont aucune loi française ne m'a privé, que je sache. Le compte en sera demandé au baron de la Bouillerie, qui en était le trésorier. Il doit se monter à plus de 200,000,000 fr., savoir : 1° le portefeuille contenant les économies que j'ai pendant quatorze ans faites sur ma liste civile, lesquelles se sont élevées à plus de 12,000,000 par an : j'ai bonne mémoire; 2° le produit de ce portefeuille; 3° les meubles de mes palais tels qu'ils étaient en 1814 : les palais de Rome, Florence, Turin, y compris tous ces meubles, ont été achetés des deniers des revenus de la liste civile; 4° la liquidation de mes maisons du royaume d'Italie; tels qu'argent, bijoux, meubles, écuries : les comptes en seront donnés par le prince Eugène et l'intendant de la couronne Compagnoni.

2° Je lègue mon domaine privé, moitié aux officiers et soldats qui restent des armées françaises qui ont combattu depuis 1792 jusqu'à 1815, pour la gloire et l'indépendance de la nation (la répartition en sera faite au prorata des appointemens d'activité), moitié aux villes et campagnes d'Alsace, de Lorraine, de Franche-Comté, de Bourgogne, de l'Ile-de-France, de Champagne, Forez, Dauphiné, qui auraient souffert par l'une ou l'autre invasion. Il sera de cette somme prélevé un million pour la ville de Brienne, et un million pour la ville de Méry.

J'institue les comtes Montholon, Bertrand et Marchand mes exécuteurs testamentaires.

Ce présent testament, tout écrit de ma propre main, est signé et scellé de mes armes.

Signé NAPOLÉON.

Etat A, joint à mon testament.

I.

1° Les vases sacrés qui ont servi à ma chapelle à Longwood.

2° Je charge l'abbé Vignali de les garder et de les remettre à mon fils quand il aura seize ans.

II.

1° Mes armes, savoir : mon épée, celle que je portais à Austerlitz, le sabre de Sobieski, mon poignard, mon glaive, mon couteau de chasse, mes deux paires de pistolets de Versailles.

2° Mon nécessaire d'or, celui qui m'a servi le matin d'Ulm, d'Austerlitz, d'Iéna, d'Eylau, de Friedland, de l'île de Lobau, de la Moskowa, de Montmirail. Sous ce point de vue, je désire qu'il soit précieux à mon fils. (Le comte Bertrand en est dépositaire depuis 1814.)

3° Je charge le comte Bertrand de soigner et conserver ces objets et de les remettre à mon fils lorsqu'il aura seize ans.

III.

1° Trois petites caisses d'acajou contenant, la première, trente-trois tabatières ou bonbonnières; la deuxième, douze boîtes aux armes impériales, deux petites lunettes et quatre boîtes trouvées sur la table de Louis XVIII, aux Tuileries, le 20 mars 1815; la troisième, trois tabatières ornées de médailles d'argent à l'usage de l'Empereur, et divers effets de toilette, conformément aux états numérotés : I, II, III.

2° Mon lit de camp, dont j'ai fait usage dans toutes mes campagnes,

3° Ma lunette de guerre.

4° Mon nécessaire de toilette. Un de chacun de mes uniformes, une douzaine de chemises, et un objet complet de chacun de mes habillemens, et généralement de tout ce qui sert à ma toilette.

5° Mon lavabo.

6° Une petite pendule qui est dans ma chambre à coucher de Longwood.

7° Mes montres, et la chaîne de cheveux de l'impératrice.

8° Je charge Marchand, mon premier valet de chambre, de garder ces objets et de les remettre à mon fils lorsqu'il aura seize ans.

IV.

1° Mon médailler.

2° Mon argenterie et ma porcelaine de Sèvres, dont j'ai fait usage à Sainte Hélène : états *B* et *C*.

3° Je charge le comte Montholon de garder ces objets, et de les remettre à mon fils quand il aura seize ans.

V.

1° Mes trois selles et brides, mes éperons qui m'ont servi à Sainte-Hélène.

2° Mes fusils de chasse, au nombre de cinq.

3° Je charge mon chasseur Noveras de garder ces objets, et de les remettre à mon fils quand il aura seize ans.

VI.

1° Quatre cents volumes choisis dans ma bibliothèque parmi ceux qui ont servi à mon usage.

2° Je charge Saint-Denis de les garder et de les remettre à mon fils quand il aura seize ans.

Signé NAPOLÉON.

Imprimerie de madame Poussin, rue Mignon, 2.

www.ingramcontent.com/pod-product-compliance
Ingram Content Group UK Ltd.
Pitfield, Milton Keynes, MK11 3LW, UK
UKHW021038260726
13994UKWH00005B/2223